理系の職場

巻頭特集 1

これがJAMSTECの現場だ！

JAMSTECとは、国立研究開発法人海洋研究開発機構のことで、英語名*の頭文字から来た名称です。ここでは、およそ1000人の人たちが、「さまざまな研究設備と多様な研究分野からのアプローチにより、国民の生活や地球環境の維持・発展の実現を目指して」日々活動しています。

*2004年に、認可法人海洋科学技術センター（Japan Marine Science and Technology Center）から、独立行政法人海洋研究開発機構（Japan Agency for Marine-Earth Science and Technology）が発足。

海と地球の研究所

JAMSTECの設立は1971年。全国に拠点が6つあり、現在938人が働いています。職種は研究職が327人、准研究職45人、技術職147人、船員46人、事務職166人、そのほかの職種207人です（2024年4月）。これまで、世界に向けて調査研究の成果を論文として発表してきました。そうした成果には、潜航回数1800回以上を誇る「しんかい6500（→写真下）」のほか、6隻の独自の研究船やさまざまな探査機を保有していることが大きく役立っています（→p2、3）。また、「地球シミュレータ」（→p5）とよばれるスーパーコンピュータがあることもJAMSTECの評価を高めています（地球シミュレータの2023年度のプログラム実行数は約240万件）。

「海洋から見た地球の科学」研究最前線！

JAMSTECの多種多様な研究船や探査機など

「国民の生活や地球環境の維持・発展の実現を目指す」

ここで紹介するのは、JAMSTECが世界に誇る研究船や探査機など。それぞれの任務をかかえ、調査・研究にあたっています。海での調査・研究は、天候や海の状況にとても左右されます。こうしたなかで、JAMSTECでは、さまざまな危険に対して対応策を事前に考え、安全な調査・研究をおこなっています。

❶地球深部探査船「ちきゅう」
海底下を深く掘るために、研究船で世界ではじめてライザー掘削という技術を取り入れた船。世界最高の掘削性能を誇り、地震が起きるしくみや海底下の地層などを調査。

❷海底広域研究船「かいめい」
海底の地質や海底資源を広い範囲で調べる研究船。船内の実験室で、海底から掘削した試料を新鮮なまま分析することができる。大気の変化や海底下の地震・津波を観測し、防災・減災に役立つデータを収集。

❸海洋地球研究船「みらい」
極域を航行できる耐氷性をそなえ、世界中を広範囲で長期航海できる研究船。北極海や太平洋、インド洋など世界各地で海洋の熱循環・物質循環、海洋の生態系、地球の環境変動などの海洋調査をおこなう。

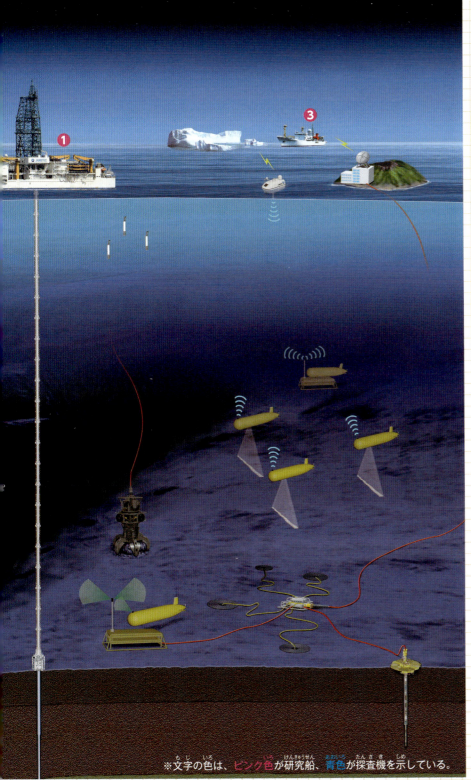

❺ 有人潜水調査船「しんかい6500」

人を乗せて水深6500メートルまで潜航できる3人乗りの潜水調査船。2024年7月時点でのべ1800人以上の研究者を深海に運んだ。

無人探査機「ハイパードルフィン」

水深4500メートルまで潜航可能な無人探査機。高性能カメラを搭載し、深海の生き物や海底の亀裂、海底火山などのようすを調査。

❻ 無人探査機「かいこうMk-Ⅳ」

水深4500メートルまで潜航可能な無人探査機。最大250kgのものまで持ち上げられるマニピュレータを搭載し、資源調査などの重作業が得意。

深海曳航調査システム「ディープ・トウ」

探査機のひとつで、船からケーブルでひかれて、海中や海底を広範囲に調査する。調査目的に合わせて搭載するカメラや観測機器をカスタマイズできる。

※文字の色は、ピンク色が研究船、青色が探査機を示している。

❹ 東北海洋生態系調査研究船「新青丸」

沿岸から外洋まで総合的な大気・海洋観測ができる研究船。東日本大震災の地震・津波による海洋環境や生態系の変化を観測する。

学術研究船「白鳳丸」

世界中の海で、海中から大気まで幅広い観測をおこなう研究船。大気海洋科学分野において、全国の研究者や学生の共同利用船としても活躍。

深海潜水調査船支援母船「よこすか」

有人潜水調査船「しんかい6500」を目的地まで運び、海上でサポートする支援母船。船内には、潜水船を整備するための格納庫、着水・引き上げ用のクレーン、潜水船の位置をはかる測位装置、研究室などを設置。

3

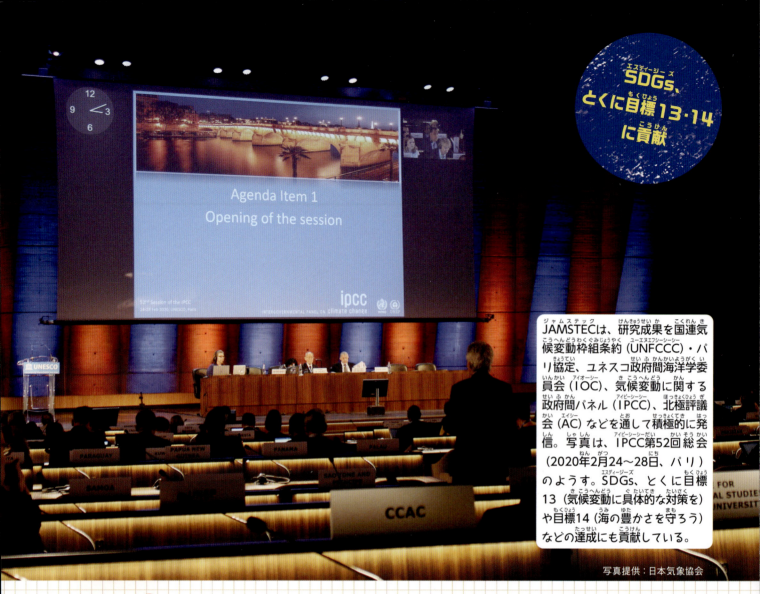

SDGs、とくに目標13・14に貢献

JAMSTECは、研究成果を国連気候変動枠組条約（UNFCCC）・パリ協定、ユネスコ政府間海洋学委員会（IOC）、気候変動に関する政府間パネル（IPCC）、北極評議会（AC）などを通して積極的に発信。写真は、IPCC第52回総会（2020年2月24～28日、パリ）のようす。SDGs、とくに目標13（気候変動に具体的な対策を）や目標14（海の豊かさを守ろう）などの達成にも貢献している。

写真提供：日本気象協会

巻頭特集2　地球環境や地震、火山活動の調査・研究も

JAMSTECは「国民の生活や地球環境の維持・発展の実現」（→p1）のために、さまざまな取り組みをおこなっています。ここでは、そのうちの3つの取り組みについて紹介します。

①地球環境のいまを把握し、将来予測へ
②地震や火山活動の実態解明へ
③海洋の機能を研究し、有効活用へ

幅広い研究範囲

JAMSTECの「地球環境部門」（→p15）では、地球温暖化、海洋の酸性化、プラスチック汚染などの地球規模の課題の解決に貢献しようと、海洋の表層から深層まで、さらには海洋にかかわりの深い大気・陸域をふくめた場所の観測をおこない、データを集め、公開しています。また、地球シミュレータ（→まめ知識）を使って、季節単位や百年単位（短・中・長期的）の将来予測の研究に取り組んでいます。このほかにも、「海域地震火山部門」（→p18）では、世界中の海を対象とした調査観測をおこない、地震・火山活動の実態を明らかにしようとしているのです。

日本の海洋産業の将来

JAMSTECの「海洋機能利用部門」（→p12）では、海洋の持続的な利用につなげるよう、生き物や海洋鉱物資源について日々調査研究をしています。これまで、人類が利用してきた海洋の資源や機能はごく一部にすぎないといいます。深海・深海底などの環境から得た情報を、産業などに利用できれば、日本の海洋産業の未来は明るくなるといえるでしょう。

●日本の領海等概念図

*1 排他的経済水域および大陸棚に関する法律第2条第2号の海域。
出典：海上保安庁ホームページ
（https://www1.kaiho.mlit.go.jp/ryokai/ryokai_setsuzoku.html）

日本の排他的経済水域は世界第6位の広さ

2016年、JAMSTECは日本の排他的経済水域*2内、南鳥島沖の深海底にて広大なマンガンノジュール密集域を発見。写真は「しんかい6500」によって撮影したもので、球形のマンガンノジュールが海底いっぱいに分布しているようすがわかる。マンガンノジュールはマンガンをはじめ、ニッケル、コバルト、銅などの貴重な金属がふくまれていて、将来的な資源として利用が期待されている。

地球シミュレータ

JAMSTECでは、これまでもスーパーコンピュータ「地球シミュレータ」を使用して、地球環境の変動予測をしてきた。現在では、その能力をさらに高度に向上させ、豪雨や台風などの短期的現象、エルニーニョなどの中期的現象、地球温暖化などの長期的現象に関する新たな予測ができるように取り組んでいる。

「地球シミュレータ」は、2002年より横浜研究所にて運用が開始された。上の写真は、2021年に更新した第4世代目の「地球シミュレータ」。

*2 領海の外側には、国際法でその国の海といってよいと認められている「接続水域」と「排他的経済水域（EEZ）」とよばれる海がある。排他的経済水域とは、沿岸から200海里（約370キロメートル）以内の水域（接続水域をふくむ）。

はじめに

みなさんのおじいさん・おばあさんの子ども時代といえば、将来のなりたい職業として、エンジニアや科学者などといった理系の職業をあげる人が多くいました。その背景には、当時の日本が科学技術の進歩に支えられ、経済・産業を急速に発展させていたことがあげられます。ところがその後、日本経済は低成長の時代となり、子どもたちの理系ばなれも加速していきました。OECDが4年に一度おこなっている世界共通のテストでは、かつて1位をとっていた数学で、日本はどんどん順位をさげ、子どもたちの理系科目の学力をあげなければ、日本の経済・産業が心配だといわれるようになりました。

近年、理系のしごとの人気がふたたび高まっているといいます。その背景には、日本人のノーベル賞受賞者があいついだことや、大学で学んだ専門知識や技術などをしごとに生かしたいと考える人が増えたことなどがあります。また、理系の職場や進路をめざす女性が昔より増えはじめ、「理系女子」を省略した「リケジョ」という言葉も使われるようになりました。

さて、このシリーズは、かつての子どもたちのあこがれで、近年ふたたび人気が高まっている理系の職場で活躍する人たちを見て、みなさんの将来のしごとについて考えるきっかけにしてほしいと企画したシリーズです。巻ごとに理系のしごとのなかからひとつの組織を取りあげ、そのしごと内容をくわしく見ていき、さらに巻末では、さまざまな理系のしごとを紹介したいと思います。

●もくじ

巻頭特集1 これがJAMSTECの現場だ！	1
巻頭特集2 地球環境や地震、火山活動の調査・研究も	4
はじめに	6

しごとの現場を見てみよう！

❶「しんかい6500」	8
職員ファイル① 千葉和宏さん	11
職員ファイル② 飯島さつきさん	11
❷海にねむる資源を調べる	12
職員ファイル③ 鈴木勝彦さん	14
❸地球環境の変化をとらえる	15
職員ファイル④ 紺屋恵子さん	17

今回、この本で紹介するのは、海洋研究開発機構、通称「JAMSTEC」です。1971年、海洋と地球に関する総合的な研究機関として設立。地球環境や海底資源、海域の地震・火山活動などさまざまなテーマごとに、大きく6つの部門にわかれて研究・開発をおこなっています。

このシリーズで紹介される人たちのがんばりを見て、理系のしごとに改めて魅力を感じる人もいるでしょうし、新たに将来のしごとの選択肢として興味をもつ人もいるはずです。そうした思いとともに、理系の科目やしごとを敬遠することなく、みなさんにどんどん興味をもってもらうことを願っています。

子どもジャーナリスト 稲葉茂勝
Journalist for Children
こどもくらぶ

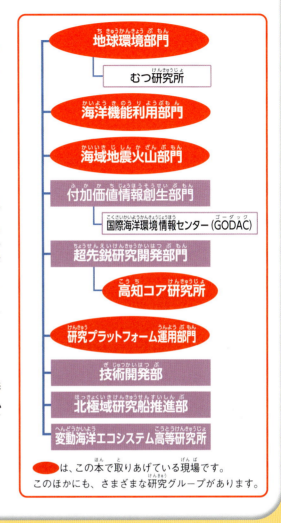

- ❹ 海域で起こる地震や火山の研究 …………………………… 18
  - 職員ファイル⑤ 伊藤亜妃さん …………………………… 21
- ❺ 高知コア研究所のしごと ………………………………… 22
  - 職員ファイル⑥ 諸野祐樹さん …………………………… 25
- ❻ 研究船や探査機の開発・整備 …………………………… 26
  - 職員ファイル⑦ 柳谷昌信さん …………………………… 27
- ●JAMSTECによるSDGsの取り組み ……………………… 28
- ●JAMSTECの研究者になるには？ ………………………… 29
- ●まだまだあるよ 海洋と地球に関する研究現場 ………… 30
- さくいん ……………………………………………………… 31

しごとの現場を見てみよう！ ①「しんかい6500」

深海とは、太陽から光がほとんどとどかなくなる、深さ200メートルより深い海のことです。でもJAMSTECの「しんかい6500」は、その30倍以上の深さにまでもぐって調査をすることができます。その結果、真っ暗で深い、なぞだらけの深海のようすが、少しずつ明らかになってきました。

世界中の深海を潜航

「しんかい6500」は、その名が示す水深6500メートルまで潜水することができる有人潜水調査船（以前「しんかい2000」を保有していた）で、日本周辺の海をはじめ、太平洋、大西洋、インド洋など、世界各地の海で潜水調査をおこない、1989年の初潜航から1800回以上の潜水調査の任務を無事故で完了してきました。「しんかい6500」のように深海にもぐって調査・研究することができる有人調査船は、世界で7隻。それだけに「しんかい6500」は、日本のためだけでなく、世界の深海探査研究において重要な役割を果たしてきました。右の4つが、「しんかい6500」のミッションです。

❶「しんかい6500」

人の目で直接観察！

　有人潜水調査船の最大の特徴は、人の目で直接深海の観察ができることです。「しんかい6500」ののぞき窓は、高い強度と透明度をほこる特殊な樹脂でつくられています。乗組員（→p11）が、この窓から深海をくまなく観察。マニピュレータを使って深海の試料を採取したりします。

　「しんかい6500」は、これまでにインド洋での巨大イカの新種（1998年）、深海の生き物「スケーリーフット」の大群集（2009年）、東日本大震災の震源域での海底の大きな亀裂（2011年）など、数かずの発見をしてきました。最近では、房総半島沖の水深6000メートル付近で海洋プラスチック汚染の調査をおこない、ビニール袋など、大量のプラスチックごみの集積を確認しました。

　このように、JAMSTECは「国民の生活や地球環境の維持・発展の実現を目指す（→p1）」という使命のもと、多くの研究成果をあげているのです。

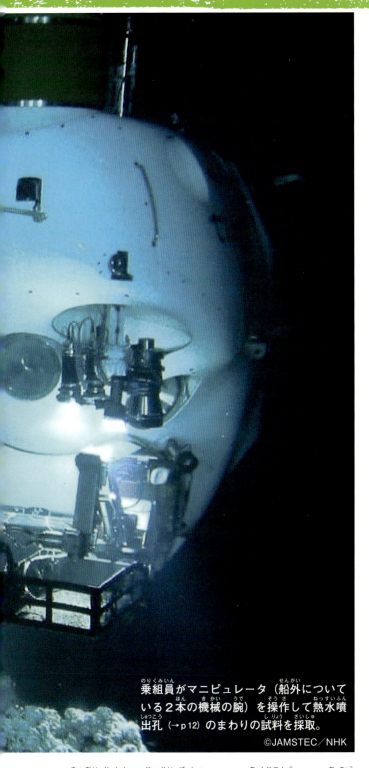

乗組員がマニピュレータ（船外についている2本の機械の腕）を操作して熱水噴出孔（→p12）のまわりの試料を採取。
©JAMSTEC/NHK

❶巨大地震の発生場所などを直接調べ、地球内部の動きをとらえる。
❷深海の未知の生態を調査することで、生き物の起源や進化の過程を解明する。
❸深海生物を資源として利用できるか、また保全できるかなどを研究する。
❹海底に堆積した物質などを採取して、地球環境の移りかわりを解き明かす。

2009年、「しんかい6500」の調査潜航で発見したスケーリーフットの大群集（まわりの白い生き物はエビ）。

硫化鉄という鉱物のよろいをまとった巻貝の一種「スケーリーフット」。

2019年に深海底にしずんでいた食品包装袋のごみ。深海は紫外線もとどかず、水温も低いため、1984年に製造された食品パッケージが色あせることなく残っている。

「しんかい6500」の運航チーム

「しんかい6500」を使った調査・研究を支えているのが、運航チームです。パイロットのほか船体の整備担当など、合わせて12人体制で作業をおこなっています。

運航チームのメンバーは、「しんかい6500」の母船「よこすか」（→p3）に乗船し、世界中の海へおもむき、潜航調査をおこないます。年1回の点検整備の期間（3か月）には、チームで整備を担当します。

船長（パイロット）は、運用・整備、陸上支援・陸上管理業務など運航に必要なすべてを理解していなければなりません。そのため、パイロットはみな「しんかい6500」の点検や機械の整備をはじめ、パイロットの訓練、数回から十数回の訓練潜航をへて船長補佐（コパイロット）となり、さらに調査潜航をくりかえし、ようやくパイロットになるという、長い経験を積んでいます。

潜水船の点検整備

真っ暗な深海まで往復する潜水船の点検整備が日々きびしくおこなわれているのは当然のこと。その上に、年に1回は、JAMSTEC横須賀本部の整備場（→p26）でほぼすべての機器を取りはずす。整備期間は約3か月。「しんかい6500」がこれまで一度も事故を起こさなかったのは、こういったスタッフの不断の努力のおかげだ。

「しんかい6500」の船体をバラバラにして、船体に問題がないかチェックする。

「しんかい6500」のマニピュレータの点検整備をおこなう。

「しんかい6500」のパイロットに聞いてみた！

ここでは、司令の千葉和宏さんと現在運航チームでたったひとりの女性、飯島さつきさんに、「しんかい6500」に乗った経験を話していただきましょう。

職員ファイル①
千葉和宏さん

日本海洋事業株式会社
運航チームでの主な担当：司令、運航チーム総括

● 潜航回数（「しんかい2000」をふくむ）：307回

●初潜航とそのときの感想
1995年5月13日が初潜航。前日から水分をひかえるなど緊張の連続でした。

●印象に残る潜航
南西諸島鳩間海丘での熱水域発見です。
平成10年ごろのマヌス海盆海域（外航）での熱水（ホワイトスモーカー）調査も印象に残っています。

●自分にとって「しんかい6500」とは？
魅力のあるしごと。

●パイロットをやっていてよかったと思う瞬間
寒い海底で、汗をかきながら困難なオペレーションを遂行したときです。家族で「しんかい6500」の話題で会話するときも、よかったなと思います。

職員ファイル②
飯島さつきさん

日本海洋事業株式会社
運航チームでの主な担当：整備

● 潜航回数（「しんかい2000」をふくむ）：60回

●初潜航とそのときの感想
2017年4月7日、相模湾初島南東沖（1200メートル）が初潜航。着底するとあられサイズのマリンスノーが深々とふりそそいでいました。視程3メートル、底質は泥。海洋生物が海底にすべりこむ姿から未固結な泥だとわかりました。深海にすむ魚、死角にいる生物の一瞬の動きなど、水中カメラでは撮りのがしてしまう光景がいくつも広がっており、海底を身近に感じました。時折露頭（露出した岩石）が見え、潜水船を飛びだして海底を散策したいと思いました。

●自分にとって「しんかい6500」とは？
世代や専門分野をこえて人とつながることのできるしごとであり、想像力をかきたて、活力をくれる船。

●パイロットをやっていてよかったと思う瞬間
パイロットになったあとの目標がいくつかあるので、目標をひとつひとつ達成するたびに、パイロットをやっていてよかったと思います。

「しんかい6500」のコックピット。定員は3名で、パイロット2名、研究者1名で乗船するのがきほん。写真右が飯島さん。

しごとの現場を見てみよう！

❷ 海にねむる資源を調べる

ここからは、「しんかい6500」などさまざまな船や探査機、観測機材で採取した試料やデータを使って、JAMSTECがどのような研究をおこなっているのか、その現場と働く人たちのようすを見ていきます。まずは、巻頭特集でふれた「海洋機能利用部門」。新しいエネルギー資源や貴重な鉱物資源などを探しだし、海の資源を持続的に利用するための研究を紹介しましょう。

海は貴重な資源の宝庫

海底下（海の底の地面）では、マグマの熱でしみこんだ海水が熱せられ、300℃以上の熱水となっています。そしてそれが「チムニー（→まめ知識）」とよばれる場所から吹きだしています。チムニーの周辺には、熱水のなかにとけこんでいた銅や鉛、亜鉛、金、銀が固体となってあらわれた「熱水鉱床」があります。

一方、海山[*1]などに見られる鉄マンガンクラスト[*2]には、スマートフォンなどに使用されるレアメタル[*3]が発見されています（「しんかい6500」が大活躍）。海底下の泥や微生物などの小さな生き物を採取し、海底資源がどこにどれくらい分布しているのか、そして、わたしたちの生活にどのように役立てるのかなど、さまざまな角度から研究しているのが、海洋機能利用部門なのです。

まめ知識　生命の起源を知る手がかり、チムニー（熱水噴出孔）

チムニー（熱水噴出孔）周辺には、たくさんの生き物が生息していることから「深海のオアシス」ともいわれている。そこに集まる生き物は、吹きでる熱水にふくまれる化学物質を利用している。

そのようすは、地球が誕生してまもないころの環境とよくにている。そのため、熱水噴出孔やそこに集まる生き物を研究することが、地球上の生き物がどのようにうまれてきたのかをさぐる有力な手がかりになるのだ。

「しんかい6500」が撮影したチムニー。熱水にとけている金属の成分により、黒い煙のように見えることから「ブラックスモーカー」とよばれる。

マニピュレータを使った、チムニーでの調査のようす。

*1 海洋底から1000メートル以上の高さに隆起している海底地形のこと。　*2 ニッケル、コバルトを多くふくんだ黒色のかたまり。
*3 埋蔵量が少なく、取りだすのがむずかしい金属のこと。「希少金属」ともいう。

多種多様な鉱物資源を調査

海洋機能利用部門の鈴木勝彦さん（→p14）は、海底をおおうように存在している鉄マンガンクラストをはじめ、さまざまな海底鉱物資源を調べています。鉱物に残された化学的な情報を取りだして、石が形成された時代を特定し、その当時の地球環境のようすを解き明かしています。

2006年、新潟県上越市直江津港沖合30キロメートル付近で、海底上（水深約900メートル）に露出しているメタンハイドレート（→p14）を確認。海底面の上にあるのを発見したのは、東アジアでははじめて。

←空気中のちりなどが取りのぞかれ、温度・湿度などが一定に保たれているクリーンルームのなかで、鉱物の分析作業をおこなう。研究者は、外からほこりなどを持ちこまないように専用の作業服を着用。

海底から採取した鉱物資源を観察に適した厚さに切りだす鈴木さん。

海にねむる資源を調べる

職員ファイル③
鈴木勝彦さん

海洋機能利用部門／海底資源センター

- しごと歴：21年
- 大学で専攻した分野：地球化学
- 子どものときの趣味：外遊び

●このしごとにつこうと思ったきっかけは？

高校時代の担任の先生が研究をしているようすにふれたのがきっかけです。先生という職業をしながら、休みにはフィールドを歩いて研究を続けていた、そのようすがとても楽しそうで、自分も将来研究ができたらいいなとおぼろげながら思いました。そして、大学院で研究を進めるうちに、地球にはまだ明らかになっていないことがたくさんあることがわかり、それをひとつずつ解き明かしていきたいと思いました。

●実際に働いてみてどうですか？

自分の力で、自分の意思で、自分の責任で、今までだれも歩いたことのなかった世界を歩く感覚が心地よいです。もちろん自分の研究だけをおこなっていればいいわけではないし、研究自体もうまくいかないことのほうがはるかに多いですが、それを上回る充実感と楽しさがあります。ひとりでもくもくとおこなう作業の一方、チームプレーで進めることも多々あります。チームで何度も話し合い、考え、実行します。困難に向かって仲間といっしょに働くことは、それ自体が楽しいですし、自分の弱い部分を認識するきっかけにもなります。

●しごとをする上で、大切にしていることは？

しごとが研究開発なので、従来の通説などに流されずに、なにが本質なのかを見出す努力はつねにしています。そのためにも経験の差、立場の差にとらわれず、できるかぎりだれの意見でもフラットに聞けるようにしたいと考えています。そこに研究に重要なヒントがかくされているという経験をこれまで何度も味わいました。そのために、だれでもなんでもいえるような雰囲気をつくるように努力しています。

●やりがいを感じるのは、どんなときですか？

研究を通じて新しい事実が見つかったときのワクワク感は、初心者のころと全くかわらず感じます。その醍醐味を多くの人と共有したいと考えています。また、国内外の研究者、民間企業の方といっしょにしごとをしていると、自分の世界が広がってとても楽しいです。一般の方や大学、小中高校生に研究の紹介をする機会があり、おもしろかったといわれるのもやりがいを感じる瞬間です。ありがとうという言葉は魔法の言葉で、ますますやる気をかき立てられます。

●日頃、どのようにしごとをしていますか？

研究開発活動の計画を立てて必要な予算を確保し、職場のメンバーや共同研究者と計画について何度も話します。目的の達成に必要な試料を入手し、分担してもくもくと化学分析作業をおこない、結果を解析して、明らかになったことをまとめます。みんなで議論をして、足りなかったことについて、また同じ作業をおこないます。このくりかえしです。研究の成果は地道なくりかえしによってうまれてきます。

●子どものころの夢は？

スポーツ選手、学者、先生、とコロコロかわっていたような気がします。そのときの夢のひとつをいま実現できているかもしれません。それは幸せなことだなぁと感じます。

おめ知識　期待の新エネルギー「メタンハイドレート」

日本周辺の海底には、天然ガス国内消費量の約10年分ともいわれる「メタンハイドレート」など、貴重な鉱物資源がねむっている。13ページの写真で見られるように、JAMSTECがおこなった、水深900～1000メートルの調査航海でも発見された。メタンハイドレートは「燃える氷」ともよばれ、火をつけると燃える物質。大量のメタンをたくわえていることから、新しい燃料としても期待されている。

©MH21-S研究開発コンソーシアム

「燃える氷」メタンハイドレートを燃焼させたもの（人工）。

しごとの現場を見てみよう！

❸ 地球環境の変化をとらえる

JAMSTECは海洋だけでなく大気や陸域など幅広い範囲の観測・研究をおこなっています。地球温暖化や海洋酸性化、海洋プラスチック汚染といった環境問題の解決をめざす「地球環境部門」のさまざまな研究の現場と、職員の人たちがどのようにしごとをしているかを見てみましょう。

こういうしごとをしています

地球環境部門では、JAMSTECの保有する多様な研究船や観測機器（→p2、3）を駆使して、海洋・大気・陸域の観測・研究をおこなっています。

収集した観測データにより、現在の地球環境を正しくつかみ、未来の地球環境の変動予測に役立てていきます。また、新たな観測機器の開発もおこなっています。

海面から水深2000メートルまでの水温・塩分・圧力を10日おきに自動で約4〜7年間計測できるロボット「アルゴフロート」を海に投下し、観測する。

海洋から採取されたマイクロプラスチックを分析。人間活動が海洋におよぼす影響について研究する。

研究船に搭載している「ドップラーレーダー（赤矢印）」を使って、電波を発射して半径100キロメートル以上の範囲にわたって降水強度（一定の時間内にふった雨の量）や降水粒子の動きを3次元的に観測する。

北極域での調査航海のようす。海氷の近くを航行する「みらい」（→p2）。

北極圏とは、北半球の北緯66度33分の緯線より北の地域のこと。北極圏とその周辺域を「北極域」という。

調査活動は氷の浮かぶ北極域でも

北極域は、地球温暖化の影響がもっともはやく顕著にあらわれる場所です。地球環境部門では、地球全体の環境変化を把握するために、北極域を対象にした観測や研究も積極的におこなっています。

北極域の海水を採取するため、観測機器（CTD採水システム）を船上からおろすようす。

「みらい」の船内の研究室で、採取した海水を分析。

日本初の北極域研究船「みらいⅡ」を建造中！

現在の「みらい」には、海氷をくだいて進んでいく砕氷機能がない。そのためJAMSTECは2021年夏から、日本初の砕氷機能をもつ北極域研究船「みらいⅡ」の建造を開始。「みらいⅡ」は、雲の構造や低気圧の発達過程などを観測するための「ドップラーレーダー」などの「みらい」の観測機能に加え、新たな観測機能が充実されるという（2026年完成予定）。

「みらいⅡ」の完成イメージ図。

氷河と温室効果ガスとのかかわりを調査

地球環境部門の研究者の紺屋恵子さんは、北極域の氷河について研究するためアラスカの山岳地帯に出かけています。なぜなら、そこでは氷河から放出される温室効果ガスの量や濃度を観測しやすいからです。

以前は氷河が温室効果ガスのひとつであるメタンの放出源として知られていませんでしたが、近年、山岳氷河からメタンが高濃度で放出されていることがわかりました。そのため、紺屋さんたちの研究は、地球温暖化の将来予測に役立つとして注目されています。

アラスカの山岳氷河からとけだした水を観測する。氷河の表面は、岩くずでおおわれているため茶色く見える。赤矢印で示しているのが観測者。

温室効果ガスを測る機器を使用したフィールドワークのようす。

職員ファイル ④ 紺屋恵子さん

地球環境部門／北極環境変動総合研究センター北極化学物質循環研究グループ

- しごと歴：18年
- 大学で専攻した分野：地理学
- 子どものときの趣味：読書

● **このしごとにつこうと思ったきっかけは？**

高校生くらいのときから、研究者を意識していましたが、大きなきっかけというのはありません。研究者のしごとはたいへんなことが多いですが、周囲の環境にめぐまれたこともあったため、いままで続けることができました。

● **実際に働いてみてどうですか？**

研究のしごとは個人の自由度が高く、日常的に新たな知識の獲得が求められるので、成長を感じることができます。わたしにとって研究のしごとは興味のあることが多く、このしごとにつけてよかったと思っています。

● **しごとをする上で、大切にしていることは？**

自然科学分野の研究は、だれがやっても同じような結果にならなければいけません。そのため、客観的な視点に立って、自分の研究について考えるようにしています。また、チームでの研究活動が多いので、みんなに利益があるように、よい人間関係が築けるようにと考えています。

● **やりがいを感じるのは、どんなときですか？**

研究結果がまとまったときがもっとも充実感があります。論文が出版されたときや現象の理解が進んだときなどです。逆に思ってもみなかったことがわかったときもうれしいです。現地に行って観測をおこなうことや、ほかの研究者と知り合って世界が広がるとき、年に1～2回おこなう氷河の観測も楽しいと感じます。

● **日頃、どのようにしごとをしていますか？**

ほとんどの日はパソコンに向かっています。情報収集したり、遠方の研究者と連絡をとったり、文章を書いたりしています。最近はオンラインでの打ち合わせが多くなりました。年に数回、学会や研究会でさまざまな人の研究成果を聞いたり、議論したりします。

● **子どものころの夢は？**

小学生くらいまではいろいろあったように思いますが、中学生のころからは宇宙飛行士になりたいと思っていました。

④ 海域で起こる地震や火山の研究

JAMSTECには、たくさんの研究部門があります。ここでは、そのなかでも最近注目されている「海域地震火山部門」を見てみます。日本列島で起こる地震や火山活動は、海底のプレート＊と関係しているからです。JAMSTECの研究が重視される理由です。

＊地球の表層部をおおう十数枚の岩盤のこと。

地震・火山大国「日本」

日本列島は、北米プレート、太平洋プレート、フィリピン海プレート、ユーラシアプレートがぶつかりあっている場所にあります（→図）。世界的に見ても数少ない、複雑なプレート境界域で、地震多発地帯です。しかも、日本列島は火山が帯状に連なっていて、火山活動も活発です。世界有数の火山大国なのです。

JAMSTECの海域地震火山部門は、こうした地震・火山活動の実態や発生のプロセスを解明しようと「ちきゅう」「かいめい」などの研究船や観測機器（→p2、3）を使って、観測をおこなっています。

● 日本列島周辺のプレート

活火山の近くまで船で出向き、調査や観測をおこなう。

4 海域で起こる地震や火山の研究

地震波で地球の内部をさぐる

「地震列島」とよばれる日本列島にはすでに数えきれないほどの地震計が設置されています。でも「地震や火山活動の実態を解明する」（→p4）には陸上だけでなく、海底にも地震計を設置する必要があります。しかし、海底への地震計の設置は、陸上にくらべてはるかにむずかしいものです。地震計は海面で切りはなされ、そのあとは重力で落下して海底にたどりつくので、海流によって予期しない場所に設置されてしまう可能性があります。

海域地震火山部門では、海底の地形や地質、海流などを調査した上で、多くの地震計を設置し、高精度な地震・火山観測を実現するために日々つとめています。

地震計のメンテナンスも研究者のだいじなしごとのひとつ。チタン球のなかに搭載された、地震計、バッテリー、波形を記録する装置などを整備する伊藤さん（→p21）。

研究船から海に地震計を投下するようす。

南海トラフでの地震観測

世界各国の科学者からなる研究チームとJAMSTECは2010年、「ちきゅう」（→p2）を用いて紀伊半島沖の東南海地震震源域の海溝側に近い水深1937.5メートルの海底下980メートルまで掘削し、ほった穴のなかに長期孔内観測システムを設置。ついで2013年には、これを同じ海域の海底に設置されているDONET（地震・津波観測システム）に接続。これにより、リアルタイムの高精度な地震動・地殻変動観測を海底下でおこなうことができるようになった。なお、海底下深くでは、ゆっくりとした地下の断層の動きの観測データが得られ、「ゆっくりすべり」という現象をくりかえしていることが判明した。

緊急調査航海

海域地震火山部門は、これまでにも大規模な地震や火山噴火が起きたとき、いちはやく「緊急調査航海」をおこなってきました。2024年1月1日に発生した能登半島地震の際も、いくつもの研究機関と連携して、同月16〜23日に緊急調査航海を実施。すみやかに「白鳳丸」（→p3）を用いて、震源域とその周辺の海域に地震計や海底電位磁力計などを設置しました（→写真下）。同部門は、地震のメカニズムを明らかにしようとして日夜研究を続けています。

4 海域で起こる地震や火山の研究

「白鳳丸」船内で、地震計投入までの工程を確認する研究者たち。

能登半島沖にて、「白鳳丸」船上から地震計（赤矢印）を投下しているようす。

↑船上では、地震計投下に向けた作業がおこなわれた。
©東海大学 海洋学部 馬場久紀准教授

職員ファイル⑤
伊藤亜妃さん

海域地震火山部門／火山・地球内部研究センター／
地球物理観測研究グループ

- しごと歴：23年
- 大学で専攻した分野：地震学
- 子どものときの趣味：星の観察、運動
- タロットうらない、乗り鉄

●このしごとにつこうと思ったきっかけは？
　大学の理学部で地球科学を学び、地震学に興味をもちました。大学院からは海での地震観測について研究しました。地球の表面は70％が海なのに研究者は少なく、そこで観測することで新しいことがたくさんわかっておもしろいと思いました。

●実際に働いてみてどうですか？
　地震という自然現象を対象にしているので、うまく観測データをとれなかったり、思うように研究が進まなかったりすることも多いです。最近では、ただ自分の研究をまっとうするだけでなく、いろんな人とコミュニケーションを図ったり、研究全体の成果を考えたりすることも大切だと思いはじめています。

●しごとをする上で、大切にしていることは？
　世界では日々、新しい研究成果が論文で発表されています。そのような新しい情報に対してはアンテナを張るようにつとめています。また、今の観測や研究はひとりではできないので、周囲の人との調和を意識しています。

●やりがいを感じるのは、どんなときですか？
　論文が出版されたときにやりがいを感じます。船に乗って地震計の設置や回収の作業が成功したときには楽しいと感じます。タヒチやチリなどへ船に乗って海外出張する機会もあり、そういうときもやはり楽しいです。

●日頃、どのようにしごとをしていますか？
　多くの時間は、パソコンを使って地震観測で得られたデータの解析をおこない、その結果を学会で発表したり、論文にまとめたりしています。年に数回は観測のために船に乗ります。その数か月前から、地震観測に必要な装置の整備、動作確認をチームでおこなっています。

●子どものころの夢は？
　宇宙や地球に興味があったため、それに関連することをして過ごしたいと思っていました。

↑高知県南国市にある高知コア研究所の全景。

研究所内のコア保管庫。ラックにびっしりとならんでいるのがコア。

しごとの現場を見てみよう！
❺ 高知コア研究所のしごと

19ページのまめ知識では、紀伊半島沖の東南海地震震源域で海底を掘削して長期孔内観測システムを設置した話を記しました。次は、海底を掘削し採取した「コア」を保管・研究する「高知コア研究所」のようすを見てみましょう。そこは、全国に6つあるJAMSTECの拠点のひとつ、どんな研究をしているのでしょう？ そもそも「コア」とは、なんでしょうか？

世界有数のコア保管施設

「コア」とは、地層や岩石をくりぬいて採取した研究用地質試料のことです。コアを調べることで地震が発生するしくみや、海底資源、海底下生命の世界などを明らかにすることができます。

2003年10月、世界中の科学者が協力して海底下を掘削してコアを採取し、それを研究するプロジェクト「IODP*」が発足しました。日本とアメリカ、ヨーロッパが中心となって、アジアやオーストラリアなどの国ぐにも参加しています。

日本でコアの保管管理から研究までを一貫しておこなっているのが、「高知コア研究所」です。現在、地球深部探査船「ちきゅう」（→p2）などの掘削船が世界中でコアを採取していますが、IODPで掘削したコアを保管する施設は、世界に高知コア研究所とアメリカのテキサス、ドイツのブレーメンの3施設しかありません。

*International Ocean Discovery Programの略。

保管庫はどんなところ？

高知コア研究所には、巨大な保管庫がもうけられています（左ページの写真）。その規模は、1.5メートルのコアを約20万本も収納可能。保管庫の室温は、4℃に保たれています。世界中の研究者から「こういうコアを研究で使用したい」といったリクエストがあれば、注文されたコアを取りだしてサンプルを提供します。
一方、コアの一部をマイナス170℃の超低温保管庫で保管して将来に残しています。

コアの価値を高める「サンプリング」

高知コア研究所では、コアをじっくり観察し、「サンプリング」する作業を、研究チームのメンバー全員が集まって実施することがあります。さまざまな分野の研究者が力をあわせてひとつのコアを分析することで、より多くの情報が一度に明らかになるからです。

保管庫の扉には、津波による水の侵入をふせぐためゴムのパッキングがついている。

コアから分析用の試料を採取する。

高知コア研究所に集まった研究者たちがサンプリングを実施。右から3人めは、諸野さん（→p25）。

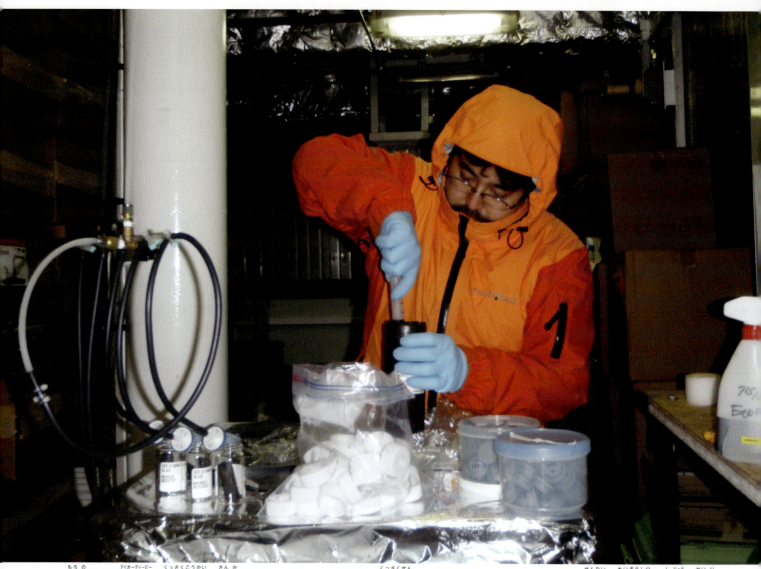

諸野さんがIODPの掘削航海に参加したときのようす。アメリカの掘削船「ジョイデス・レゾリューション」の船内の冷蔵室で試料の整理をおこなう。

海底のさらに下に1億年前の微生物が?!

高知コア研究所で働く諸野祐樹さんは、海底下の地層にすんでいる小さな生き物や、さらに小さな微生物の研究をかさね、1億150万年前の白亜紀にできた地層のなかにとじこめられた微生物を発見。独自の解析技術で調べ続けると、99.1％が「生きている」状態であることが判明しました（→まめ知識）。「地層という、とても栄養分の少ない環境のなかで微生物はどこまで生きのびることができるのか、海底下の地層世界でなにをしているのかなど、さらに研究を続けていきたい」と諸野さんは話しています。

一方で、諸野さんはメタンハイドレート（→p14）の研究も進めています。石油・石炭・天然ガスといったエネルギー資源のほぼ100％を輸入にたよっている日本にとって、諸野さんの研究は大いに期待されているのです。

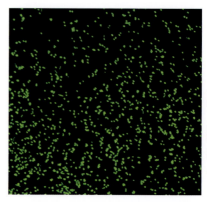

1億150万年前の地層のなかにとじこめられていた微生物の顕微鏡写真。蛍光色素で染色した微生物のDNAが緑色に光って見える。

職員ファイル⑥ 諸野祐樹さん

超先鋭研究開発部門／高知コア研究所

しごと歴：18年
大学で専攻した分野：生物工学
子どものときの趣味：工作、読書
少しだけですがパソコンのプログラミングもしていました。

● このしごとにつこうと思ったきっかけは？

大学・大学院の修士課程で研究をしていくなかで、研究をすること自体がおもしろかったし、知らないことを調べることが好きなのだと気づき、博士課程に進もうと思いました。ただ、僕が学生だった当時、博士課程に進むということはイコール研究者を志すということでした。研究者になれるかどうか、自信はありませんでしたが、うまくいかなかったらそのとき考えようと、割り切ったのを覚えています。

● 実際に働いてみてどうですか？

JAMSTECの前には産業技術総合研究所（→本シリーズ⑤）でポスドク研究員*をしていました。産総研は事業所の数や研究者の人数がとても多く、JAMSTECに来たときにはとてもコンパクトな研究所だなと思いました。「ちきゅう」（→p2）の掘削試料など、とてもレアな試料を研究対象としていることもあり、たいへんなことも多いですが、知らないことにチャレンジしている感覚がいつもあって楽しいです。

*博士（大学院）課程修了の研究者。おもに博士号取得後に任期を決めて大学などの研究職についている人。

● しごとをする上で、大切にしていることは？

JAMSTECの研究者として働きはじめたころに、大きな失敗をしたことがあります（失敗といっても研究者人生を左右するような失敗ではなく、あとでちゃんとリカバーできました）。だれも知らないことにチャレンジしていく、ということは、仮にまちがった結果が出たとしても、自分が気をつけていないとそれを世界にそのまま発表してしまう危険もあります。この経験がきっかけで、まちがいがないか慎重に確認することを心がけるようになりました。

● やりがいを感じるのは、どんなときですか？

海底下の地層にいる微生物の不思議はどうやったら明らかにできるだろうか、どんな実験をしたらいいだろうか、どんな風に話したら一般の人に楽しくわかってもらえるだろうか、などいろいろ考えています。たまに、こういう風にしたらうまくいくんじゃないかとひらめくのですが、そのときはとても興奮します。その考えがかんちがいじゃないのか、意味がありそうなのかをつきつめるために、すでに発表されている論文などの情報を調べるときは、時間がたつのをわすれるほど熱中します。

● 日頃、どのようにしごとをしていますか？

最近は、博士課程の学生や、後輩研究者の方たちとしごとをする機会が増えてきました。実験を補助してくださるテクニシャンさんたちもいっしょに働いてくださるので、昔より自分で実験をすることが少なくなりました。ただ、その分、一生懸命実験をしている人たちの努力が無駄にならないよう、いろんなことを調べて研究の方向性を考えて、どうやったらゴールにうまくたどりつけるか、その道案内ができるように努力しています。このほかに、研究になじみのない方がたに科学や研究のおもしろさを知ってもらえるよう、博物館や科学館、小学校や中学校に出向いて研究の話もしています（→p29）。

● 子どものころの夢は？

小学生のころは、街の電気屋さんになりたいと思っていました。知らないことをパパっとやってくれるのがとてもかっこよくて、ヒーローのようでした。当時の僕は、目覚まし時計などの電化製品と身のまわりの生き物がちがうこと、電池やコンセントにつながなくても生き物がご飯を食べて動いていることが不思議でなりませんでした。そういうところから現在のしごとに結びついていったのかなと思います。

まめ知識 海底下にすむ微生物の生死を調べる！

海底下の微生物が生きているか・死んでいるかを知るためには、その微生物がエサを食べるかどうかを知ることがポイント。諸野さんは、海底下からほりだしてきた地層試料にエサとなる物質をしみこませて、微生物がそれを食べて増えるかどうかを解析。10年の歳月をかけて研究を進めた結果、微生物がエサを食べる（取りこむ、代謝する）ことが判明。すなわち、微生物は生きていたということがわかったのだ。

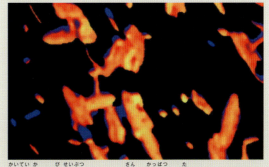

海底下の微生物がアミノ酸を活発に食べているようす。

しごとの現場を見てみよう！
❻ 研究船や探査機の開発・整備

JAMSTECは「しんかい6500」やそのほかの無人探査機（→p2、3）など、いろいろな観測機器を保有・運用しています。これらの研究船や探査機の開発・整備を担当しているのが「研究プラットフォーム運用部門」。この部門について、改めて見てみましょう。

開発・整備のプロフェッショナルたち

「研究プラットフォーム運用部門」の「プラットフォーム（platform）」という英語は、駅のホームや足場を意味するほか、ものごとの基盤や、コンピューター・インターネット分野でのしくみをさす言葉です。ここでは、さまざまな研究船や探査機、観測機器、また、そのしくみをさします。

そのプラットフォームを安全に上手に運用するために整備などをおこなっているのが、この部門。横須賀本部の整備場で、研究船や探査機の種類ごとにチームがつくられて日々の作業をおこなっています。

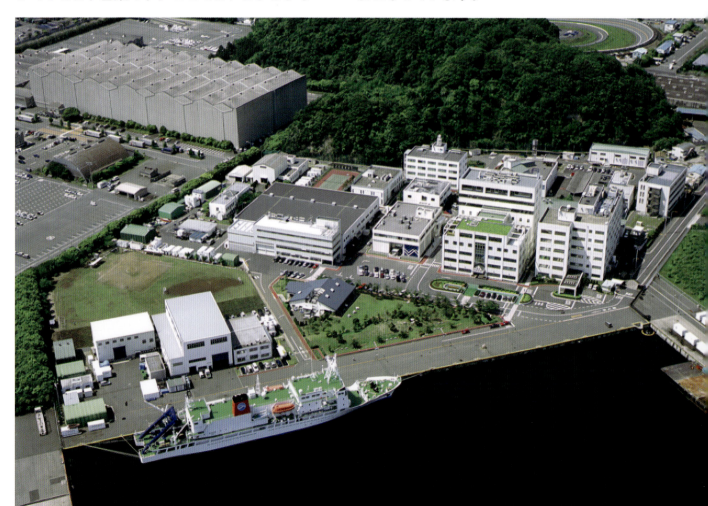

研究船が入出港するための母港や整備場がもうけられている横須賀本部。
毎年、一般公開も開催されている。

航海計画を立てる

同部門では、船の点検や整備だけでなく、研究船の航海スケジュールも計画しています。所属する柳谷昌信さんは、海洋地球研究船「みらい」（→p2）の1年間の航海計画の立案を担当。「みらい」でこんな研究をしたいといった研究者の要望を集めて、航路や観測地点、観測の日時などを考えます。

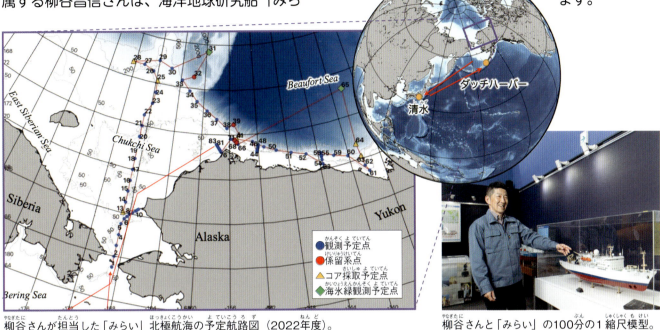

柳谷さんが担当した「みらい」北極航海の予定航路図（2022年度）。

柳谷さんと「みらい」の100分の1縮尺模型。

職員ファイル⑦ 柳谷昌信さん

研究プラットフォーム運用部門／運用部／船舶運用グループ

しごと歴：25年
大学で専攻した分野：船舶流体力学
子どものときの趣味：奈良県（海無し県）育ちだったが、泳ぐことが大好き。

● このしごとにつこうと思ったきっかけは？
　大学生のころ、講義のなかで深海調査がおこなわれていることを知り、海洋観測・深海調査という分野に興味をもちました。JAMSTECの海洋観測船に乗船してアルバイトした経験もあり、未知なる深海の世界を見てみたい、そこでしごとをしてみたいと思ったことがきっかけです。

● 実際に働いてみてどうですか？
　「しんかい6500」のパイロットになるために採用され、「よこすか」に乗船して、「しんかい6500」の整備にかかわりました。入所1年目で「よこすか」で行ったハワイ島付近での潜航調査航海などの乗船業務はたいへんでしたが、とても楽しかったです。

● しごとをする上で、大切にしていることは？
　現在のしごとでは観測航海を安全に実施できるように、研究者の方とコミュニケーションをしっかりとることを大切にしています。

● やりがいを感じるのは、どんなときですか？
　「しんかい6500」のパイロット時代では、船を操縦して、生物やチムニー（→p12）、熱水など研究に必要なサンプルを採取したとき、深海での新しい発見の場所に立ち会えるのが楽しかったです。現在の船舶の運航管理のしごとでは、無事に航海がはじまり、たくさんのサンプルやデータが得られて、研究者から「ありがとう」といわれるとやりがいを感じます。

● 日頃、どのようにしごとをしていますか？
　週に3日出勤し、残り2日は家でテレワークをしています。朝一番に、その日のうちにやらなければいけないことを確認して、時間を有効活用できるようにしごとをおこなっています。また、グループのみんなで会議もありますね。

● 子どものころの夢は？
　子どものころから海が大好きでした。外国に行く大型船の船長になりたいと思い、大学も船乗りになることができる大学に進学しました。実際には大型船の船長にはならなかったのですが、「しんかい6500」のパイロットになって深海に行くことができました。

JAMSTECによるSDGsの取り組み

JAMSTECの活動は「国民の生活や地球環境の維持・発展の実現」（→p1）をめざすもの、SDGs（持続可能な開発目標）の達成にも大きく貢献しています。ここでは、JAMSTECによるSDGsの取り組み例を見てみましょう。

JAMSTECに見るSDGs目標14&15

SDGs目標14の日本語のテーマは「海の豊かさを守ろう」で、15は「陸の豊かさも守ろう」となっています。「を」ではなく「も」となっているのは、海と陸は同時に守らなければならないことを強調したからです。JAMSTECは、SDGsが発表された2015年より前から、海洋・地球、そして生命・人類の総合的な理解をめざして研究・開発をおこなってました。これが、JAMSTECの特徴であり、すごさといえるでしょう。

深海デブリデータベースを公開

JAMSTECでは、1980年代から深海調査で撮影してきた深海ゴミ（深海デブリ）の映像や画像をデータベースとして公開。レジ袋などの使い捨てプラスチックが、深海底のどこにどれだけ分布しているのかを明らかにした。

SDGs目標9にも多大な貢献

JAMSTECとかかわりの強いものとして、目標9「産業と技術革新の基盤をつくろう」もあげられます。海洋機能利用部門（→p12）が主体となって、次世代の海底にねむる鉱物資源を調査してきたことはすでに見てきました。その成果のひとつとして2015年には、中部沖縄トラフのマップを作成。海洋環境の影響を最小限におさえた採掘技術の研究に役立ちました。民間企業の研究開発などにも活用されています。こうした成果は、数えきれません。

目標4の場合

JAMSTECでは小中高生を対象に、教科横断的な学びを通じて海洋や自然科学の理解を深める「海洋STEAM教材」の開発をおこなっています。JAMSTECの豊富な画像・映像を活用した教材で、ホームページから無料でダウンロードできます。

このほかに、JAMSTECには海洋地球科学に関する本を集めた図書館があります。研究者が読む専門書も、子ども向けの絵本も、そしてこれまで紹介したようなJAMSTECの研究成果をまとめた本も、大切に保存。横浜研究所の図書館には、だれでも利用できるフロアもあり、学びを深める場として、目標4「質の高い教育をみんなに」にも積極的に貢献しています。なお、この本への取材協力も、その一環です。

JAMSTECの研究者になるには？

JAMSTECでは、研究職や技術職をはじめとして、さまざまな職種の人が働いています。ここでは、JAMSTECの研究者になるための方法と、職員になったあとの働き方について見てみます。

どうすればなれるの？

- JAMSTECには、6つの研究部門があります（→p7）。部門ごとに研究者を募集。JAMSTECで働きたいと思う人は、ホームページで研究したい分野の採用情報を調べることからはじめます。応募資格として、海洋や地球に関連する分野（海洋学、生物学、化学、地学、工学など）の大学院に通って、取得する修士号・博士号などの学位が求められる職種もあります。

- 応募にあたっては、自分が研究したい分野を明確にして、取得した（取得可能な）学位などについて確認しておくことが必要。その後、履歴書や研究の成果をまとめた書類、推薦書などを提出し、書類審査を受けます。それに通過した人に対し試験がおこなわれ、最終面接をへて合格すると採用が決まります。

●なるにはチャート（おもなもの）

大学・大学院
↓
国内外の研究機関や大学で、研究者として経験を積む
↓
JAMSTECの採用試験に合格
↓
JAMSTECの研究者として活躍！

採用されたら

- 新人職員研修を受講したのち、配属された部門で実務経験を積んでいきます。
- 海外の大学や研究機関に出向いて、高度な知識を学ぶ「海外研修」に挑戦できる制度もあります。
- 研究業務のほか、大学院生の研究指導をおこなったり、広報活動をサポートしたりすることもあります。

研究者自ら科学の魅力を発信！

科学のおもしろさやJAMSTECの研究成果を、子どもから大人まであらゆる年代の人に向けて伝えていくこともJAMSTECのだいじなしごと。JAMSTECでは、研究者たちが全国の科学館や小中学校に出向いて講演会をおこなっている。

つくばエキスポセンターの特別イベントで講師をつとめた研究者の諸野さん（→p25）。実験しながらわかりやすく解説。この日のテーマは「生物がすむ果てはどこだ？」。

まだまだあるよ 海洋と地球に関する研究現場

本書は、「理系の職場」シリーズの1冊。このシリーズには、本書であつかうJAMSTECのほかにも、「海洋」と「地球」に関係する調査・観測・研究機関がいくつもあります。逆に見ると、JAMSTECの活動は、とても幅広いものだとわかります。ここで改めてシリーズから関連する巻を見返してみましょう。

❷巻 気象庁と天気のしごと

地震、火山、海洋の監視・観測

気象観測をおこなって天気予報を発表している気象庁は、地震・火山活動、海洋環境の観測、情報発表などもおこなったり、海洋気象観測船を使って海洋環境の監視・予測から地球規模の大気汚染の実態や海洋環境の長期的な変化を明らかにしている。これらは、JAMSTECと同じ。

海洋気象観測船に乗船し、海水の温度を計測する気象庁職員。

❺巻 産業技術総合研究所のしごと

海域の地質図をつくる

産業技術総合研究所内の地質調査総合センターでは、日本各地の地質を調査・研究して「地質図」を作成。資源開発や風力発電の設置などに活用されている。また、「海域地質図」も作成。海底資源の採掘や海洋風力発電計画に大いに役立っている。

海域地質図をつくるために、海底の泥を採取する。 ©産総研

❻巻 JAXAと宇宙航空開発のしごと

人工衛星で地球を観測

JAXAでは、さまざま人工衛星を研究・開発し、宇宙から地球を観測している。現在運用中の地球観測衛星「だいち2号」、「だいち4号」は、地球全体を定期的に観測するほか、火山噴火発生時の緊急観測をおこない、防災・減災に貢献している。
2024年に運用を開始した先進レーダ衛星「だいち4号」の観測イメージ。

❼巻 国立極地研究所のしごと

極地の観測から地球環境を把握

国立極地研究所では、「極地」（南極・北極）に生息する生き物や地質、海洋、大気などの観測・研究をおこなっている。JAMSTECと連携して、「みらい」（→p2）を使って、北極域の観測や南極地域観測隊の活動などをおこなうことも多い。
南極観測船「しらせ」から雲粒子ゾンデを放球し、大気中の粒子を観測するようす。

さくいん

あ

IODP 22,24
SDGs 4,28
温室効果ガス 17

か

海域地震火山部門 4,18,19,20,21
かいこうMk-Ⅳ（無人探査機） 3
かいめい（海底広域研究船） 2,18
海洋機能利用部門 5,12,13,14
海洋STEAM教材 28
火山 4,18,19,20,30
気候変動に関する政府間パネル（IPCC） 4
クリーンルーム 13
コア 22,23
高知コア研究所 22,23,24,25
国連気候変動枠組条約（UNFCCC） 4

さ

サンプリング 23
地震 2,3,4,18,19,20,21,22
地震計 19,20,21
深海 3,5,8,9,27
深海デブリ 28
しんかい6500（有人潜水調査船）
 1,3,8,9,10,11,12,26,27
新青丸（東北海洋生態系調査研究船） 3
スケーリーフット 9

た

ちきゅう（地球深部探査船） 2,18,19,22,25
地球温暖化 4,5,15,16,17
地球環境部門 4,15,16,17
地球シミュレータ 1,4,5
チムニー 12,27
長期孔内観測システム 19,22
超先鋭研究開発部門 25
津波 2,3,23

な

ディープ・トウ（深海曳航調査システム） 3
鉄マンガンクラスト 12,13
DONET 19
ドップラーレーダー 15,16

な

南海トラフ 19
熱水鉱床 12
熱水噴出孔 .... →チムニー
能登半島地震 20

は

排他的経済水域 5
ハイパードルフィン（無人探査機） 3
白鳳丸（学術研究船） 3,20,21
東日本大震災 3
微生物 12,24,25
氷河 17
ブラックスモーカー 12
北極評議会（AC） 4

ま

マイクロプラスチック 15
マニピュレータ 3,9,10,12
マンガンノジュール 5
みらい（海洋地球研究船） 2,16,27
みらいⅡ（北極域研究船） 16
メタン 17
メタンハイドレート 13,14,24

や

ユネスコ政府間海洋学委員会（IOC） 4
よこすか（深海潜水調査船支援母船） 3,10,27

ら

レアメタル 12

■ 編集
こどもくらぶ（二宮祐子／成田夏人）
「こどもくらぶ」は、あそび・教育・福祉分野で、子どもに関する書籍を企画・編集している今人舎編集室の愛称。図書館用書籍として、毎年10～20シリーズを企画・編集・DTP制作している。これまでの作品は1000タイトルを超す。
https://www.imajinsha.co.jp

■ 企画協力：稲葉茂勝

■ デザイン・DTP
菊地隆宣

■ 撮影
福島章公

■ 企画・制作
株式会社今人舎

■ 取材協力
国立研究開発法人海洋研究開発機構

■ 写真協力
国立研究開発法人海洋研究開発機構
日本気象協会
MH21-S研究開発コンソーシアム
東海大学 海洋学部 海洋理工学科 海洋理工学専攻　馬塲 久紀 准教授
気象庁
国立研究開発法人産業技術総合研究所
JAXA
国立極地研究所

■ 参考資料
●JAMSTECホームページ
https://www.jamstec.go.jp/j/

●JAMSTEC海洋STEAM教材ライブラリー
https://www.jamstec.go.jp/steam/

この本の情報は、特に明記されているもの以外は、2024年9月現在のものです。

理系の職場　⑪ JAMSTECと海洋研究のしごと

初　版　第1刷発行　2024年10月31日

編　　　こどもくらぶ
発行所　株式会社同友館
　　　　〒113-0033 東京都文京区本郷 2-29-1
　　　　電話　03-3813-3966　FAX　03-3818-2774
　　　　http://www.doyukan.co.jp/
発行者　脇坂 康弘　　　　　　　　　　　　印刷／製本　瞬報社写真印刷株式会社

©Kodomo Kurabu 2024　Printed in Japan.　　　　　　無断複写複製（コピー）禁ず
Published by Doyukan Inc.　　　　　　　　　　　　　ISBN978-4-496-05713-7　NDC 335
乱丁・落丁本はおとりかえいたします。　　　　　　　　　　　　　　　32p/29cm